CONFÉRENCES POPULAIRES

AVEC

Projections Lumineuses

LES PROVINCES DE FRANCE

BRETAGNE

I

(ILLE-ET-VILAINE, COTES-DU-NORD, FINISTÈRE)

NOTICES RÉSUMÉES PAR

J.-E. BULLOZ O. I.

Adoptées par le *Ministère de l'Instruction Publique*,
la *Ligue de l'Enseignement*, etc., etc.

MAISON ARTISTIQUE
D'ÉDITIONS PHOTOGRAPHIQUE ET DE VULGARISATION
PAR L'IMAGE

21, RUE BONAPARTE, 21
PARIS
1901

PROJECTIONS LUMINEUSES

D'APRÈS LES CHEFS-D'ŒUVRE DE L'ART

POUR

COURS D'ADULTES ET CONFÉRENCES POPULAIRES

ENSEIGNEMENT DE L'HISTOIRE DE L'ART

HISTOIRE DE FRANCE D'APRÈS LES PEINTRES MODERNES

NOTICES RÉSUMÉES POUR CONFÉRENCES POPULAIRES

AVEC PROJECTIONS LUMINEUSES, ADOPTÉES PAR LE MINISTÈRE
DE L'INSTRUCTION PUBLIQUE,
LA LIGUE DE L'ENSEIGNEMENT, ETC., ETC.

Une Visite au Louvre.
Une Visite au Luxembourg.
Une Visite à Versailles.
Une Visite à Fontainebleau.
Une Visite à Chantilly.
Les Monuments de Paris.
La Révolution française.
La Guerre de 1870
Les Héros de 1870.
Jeanne d'Arc.
L'Alsace.
La Flandre et l'Artois.
La Bourgogne.
La Bretagne, I (Ille-et-Vilaine, Côtes-du-Nord, Finistère).
La Bretagne, II (Finistère, Morbihan, Loire-Inférieure).
La Normandie, I (Eure, Seine-Inférieure).
La Normandie, II (Orne, Calvados, Manche).
La Touraine et l'Orléanais (Eure-et-Loir), Loiret, Indre-et-Loire, Loir-et-Cher).
La Champagne (Aube, Marne, Ardennes).
La Picardie, Valois, etc. (Somme Oise, Aisne).
La Lorraine (Meurthe-et-Moselle, Meuse, Vosges).
La Vie aux champs.

0 *fr.* **25** *chaque notice.*

ENVOI DU CATALOGUE COMPLET SUR DEMANDE

ET DU

CATALOGUE SPÉCIAL POUR L'ARCHITECTURE

L'ÉDUCATION POPULAIRE et les Chefs-d'œuvre de l'Art : Michel-Ange. — La Hollande et les Hollandais. — Conférences populaires illustrées........ .... **2 fr.**

CONFÉRENCES POPULAIRES

AVEC

Projections Lumineuses

LES PROVINCES DE FRANCE

BRETAGNE

I

(ILLE-ET-VILAINE, COTES-DU-NORD, FINISTÈRE)

NOTICES RÉSUMÉES PAR

J.-E. BULLOZ O. I. 

Adoptées par le *Ministère de l'Instruction Publique,*
la *Ligue de l'Enseignement,* etc., etc.

MAISON ARTISTIQUE

D'ÉDITIONS PHOTOGRAPHIQUE ET DE VULGARISATION
PAR L'IMAGE

21, RUE BONAPARTE, 21
PARIS
1901

BRETAGNE

I

L'ancienne province de Bretagne possédait un territoire si vaste que nous avons dû la diviser en deux conférences. Au surplus, cette séparation, déjà tout indiquée par l'importance géographique de la presqu'île armoricaine, devenait une nécessité absolue en considérant sa richesse en curiosités naturelles, ses nombreux monuments, et le charme de toutes ses vieilles cités pittoresques, pleines de souvenirs du passé.

Dans cette première promenade, nous visiterons l'E. et le N. de la Bretagne, commençant par Rennes, son ancienne capitale, Vitré, Fougères, puis, quittant le bassin de l'Atlantique, nous suivrons le versant septentrional des Monts d'Arrée, c'est-à-dire la baie de Saint-Malo, les bords de la Rance, du Trieux, l'ancien duché de Penthièvre et le pays de Léon. Nous aurons ainsi parcouru les départements actuels d'Ille-et-Vilaine et des Côtes-du-Nord avec la petite portion du Finistère qui appartient au bassin de la Manche.

La seconde conférence comprendra le reste du Finistère, le Morbihan et la Loire-Inférieure.

Rennes ; — La Maison de Duguesclin.

N° 6399.

A tout seigneur, tout honneur; nous voici donc dans la vieille capitale des ducs de Bretagne, aujourd'hui simple chef-lieu du département d'Ille-et-Vilaine avec 72.000 habitants.

Si les souvenirs historiques abondent, évoquant les tristesses de la guerre de Cent ans ou les luttes fameuses de son Parlement contre l'autorité royale, etc., par contre, les monuments contemporains ont beaucoup souffert du terrible incendie de 1720 qui dura sept jours et détruisit une grande partie de la ville.

Néanmoins, à côté des églises Saint-Mélaine, Saint-Germain, de l'antique Porte Mordelaise, du Palais de justice, de l'Hôtel de Ville, il reste encore dans le vieux Rennes quelques curieuses maisons des xive-xve siècles.

Si nous donnons ici de préférence la vue de l'une de ces modestes habitations, c'est que la tradition veut qu'elle ait été habitée par l'une des plus pures gloires bretonnes, le « Bon Connétable Bertrand Duguesclin », né en 1320 au château de la Motte-Broons près de Dinan.

Rennes ; — Le Château branlant.

N° 6394.

Rennes est située au confluent de l'Ille et de la Vilaine, sur le canal d'Ille-et-Rance qui met en communication la Manche et l'Océan en coupant toute la Bretagne sur une longueur de 85 kilomètres.

Le long de tous ces cours d'eau s'élèvent tantôt de beaux quais de granit, tantôt de pittoresques masures comme celle appelée le Château branlant qui date de plusieurs siècles, mais celles-ci sont rares et disparaissent peu à peu, heureusement pour l'hygiène.

Il n'en était pas ainsi jadis, et les rues étroites du vieux Rennes furent souvent dévastées par de terribles épidémies ; mais depuis sa reconstruction au xviiie siècle sur un plan régulier, l'aspect général de la ville est au contraire devenu froid et austère.

Vitré. — Le Château.

N° 6384.

La petite ville de Vitré, sur la rive gauche de la Vilaine, à 36
kilomètres à l'E. de Rennes, est une des rares villes de France
qui ait conservé un caractère tout particulier, comme Bruges en
Belgique ou Nuremberg en Allemagne. Les vieilles rues de Vitré
sont encore telles qu'elles étaient à la fin du xvie siècle. C'est
un inextricable pêle-mêle de maisons en bois, bizarrement enche-
vêtrées, décorées de statues et de sculptures. Les boutiques,
aux auvents pittoresques, s'ouvrent toutes noires de chaque côté
des rues étroites et tortueuses du moyen âge.

La ville est bâtie sur un tertre escarpé, au sommet duquel se
trouve le château, mélange de constructions du xiie au xive siècle,
maintes fois assiégé pendant les guerres de religion.

Le Château des Rochers.

N° 6401.

Nous parlions tout à l'heure à propos de Rennes des États de
Bretagne et de leurs annales mouvementées. Nous trouvons l'écho
de ceux de 1675 dans les lettres de la spirituelle marquise de
Sévigné. Installée dans son château des Rochers, à une lieue et
demie de Vitré, elle écrivait à sa fille les nouvelles de la province.

« 3 novembre 1675, M. et Mme de Chaulnes ne sont plus à
« Rennes les rigueurs s'adoucissent ; à force d'avoir pendu, on ne
« pendra plus ; il ne reste que deux mille hommes à Rennes. Si vous
« m'envoyez le roman de votre premier président, je vous enver-
« rai en récompense, l'histoire lamentable, avec la chanson, du
« violon qui fut roué à Rennes... ».

Mais, d'ordinaire, la vie était plus calme aux Rochers.
Mme de Sévigné y prenait plaisir à causer avec son jardinier. Elle
se plaisait à voir des « âmes de paysans plus droites que des lignes,
« aimant la vertu comme naturellement les chevaux trottent. »
Le château existe toujours et nous pouvons nous la figurer comme
elle se dépeint elle-même, dirigeant les travaux, ordonnant, fai-
sant planter, restant volontiers, par un jour pluvieux, plusieurs
heures durant, les pieds dans la boue, ou, par un froid piquant,
enveloppée de sa casaque, au milieu de dix ouvriers qui l'amusent
et « lui représentent au naturel ces tapisseries où l'on peint les
« ouvrages de l'hiver ».

Fougères. — Le Château et la Ville.

N° 6387.

Sur la route de Vitré au Mont Saint-Michel, se trouve Fougères, petite ville de 16.000 habitants, au bord de la petite
rivière du Nançon qui se jette dans le Couesnon, 2 kilomètres.
plus bas. Les restes du vieux château (XIIe siècle), une des plus
belles ruines féodales de la Bretagne, couronnent les hauteurs ;
des pans de murs, des tours aux noms pittoresques, la tour
du Cadran, la tour Guibé, la tour Mélusine, la tour Raoul, etc.,
se dressent au milieu des maisons basses et des jardins. Quatre
fois brûlée pendant les guerres de Vendée, Fougères est aujour-
d'hui un petit centre industriel pour la cordonnerie.

Chateaubriand

N° 764.

La Bretagne, jadis féconde en guerriers, les Du Guesclin, les
Clisson, les Beaumanoir, les La Tour d'Auvergne, n'a pas été
moins fertile en gloires littéraires, Lamennais, Renan, Jules
Simon et le plus illustre de tous, Chateaubriand.

François René, vicomte de Chateaubriand, est né à Saint-Malo en 1768. Tour à tour soldat, voyageur, diplomate, homme politique, écrivain ; c'est surtout ce dernier titre qui lui a valu l'immortalité. Son influence sur la littérature française au XIXᵉ siècle a été énorme.

Au point de vue politique, il s'est dépeint lui-même dans la phrase célèbre : « Je suis bourbonien par honneur, monarchiste « par raison, républicain par goût et par caractère. »

Le voici, tel que nous le représente dans une attitude bien digne de celui qui a été le père du romantisme, le beau portrait de Girodet du Musée de Saint-Malo.

L'histoire et les œuvres de Chateaubriand sont trop connues pour nous y arrêter ici ; nous allons seulement jeter un coup d'œil sur le

Le Château de Combourg.

N° 6215.

où s'écoula son enfance rêveuse.

C'est sur la route de Rennes à Saint-Malo, au bord d'un étang aux eaux dormantes, que se dresse la silhouette mélancolique du manoir patrimonial de sa famille. Le château, commencé au XIᵉ siècle, continué aux XIVᵉ-XVᵉ siècles, restauré de nos jours, domine la petite ville de Combourg aux vieilles maisons de la Renaissance.

Le Tombeau de Chateaubriand.

N° 6390.

A près de 80 ans, en 1848, Chateaubriand s'éteignit à Paris, dans la retraite, ne sortant de son silence hautain que pour rester fidèle au salon de Mᵐᵉ Récamier, à l'Abbaye-aux-Bois. Dans son testament, il exprimait le désir d'être enterré à la pointe de l'îlot du Grand-Bey qui se dresse au milieu de la rade de Saint-Malo. Ce vœu a été exaucé, et une simple pierre, sans inscription, entourée d'une grille de fer et surmontée d'une croix de granit, marque seule la tombe du poète des *Martyrs*, d'*Atala* et de *René*.

Saint-Malo. — Les Remparts.

N° 6388.

« Sur le rivage de la Manche, qui forme la limite septentrio-
« nale du département, s'avance en mer, dit M. Paul de la
« Bigne-Villeneuve (Bretagne contemporaine) un rocher de gra-
« nit presque isolé de la côte, entouré d'écueils où viennent se
« briser les lames. Sur ce rocher, commandant l'embouchure
« de la Rance, une citadelle et une ville murée, c'est-à-dire un
« château gothique flanqué de tours et sommé d'un vieux don-
« jon, le tout relié à une ceinture de remparts, d'aspect monu-
« mental, mais sévère, décrivant une sorte de pentagone irrégu-
« lier; dans cette enceinte rétrécie, un fouillis, un pêle-mêle de
« rues et de petites places entassées, où l'espace et la lumière
« sont mesurés avec parcimonie, que bordent de hauts bâtiments
« variés d'aspect et de forme : là, hôtels somptueux, régulière-
« ment alignés le long des remparts ; ici, groupes bizarres et pit-
« toresques de vieilles maisons étagées sur un sol accidenté ;
« par-dessus toutes ces toitures inégales, amoncelées, un svelte
« clocher, semblable à un mât de navire, dominant de sa blanche
« et élégante flèche ajourée les grands combles de l'ancienne
« cathédrale; en dehors des murailles, un port magnifique et
« commode, avec bassin à flots, quais et cales de construction :
« voilà Saint-Malo. »

Nous n'ajouterons rien ici à cette description dont les sujets vont tour à tour défiler devant nous. Voici d'abord les vieux remparts de granit, bâtis du XIIIe au XVIIIe siècle, flanqués de grosses tours dont la plus célèbre est celle de Quiquengrogne.

C'est sur celle-ci que la duchesse Anne fit graver la fameuse devise : « Qui qu'en grogne, ainsi sera, c'est mon plaisir. »

Saint-Malo. — La Grande Rue.

N° 6397.

Voici maintenant une de ces rues étroites et tortueuses dont parlait tout à l'heure le Guide de Bretagne. On sait que jadis, à la tombée de la nuit, les Malouins avaient la singulière coutume de lancer des patrouilles d'énormes dogues autour des remparts, afin de prévenir toute surprise de la part des Anglais.

C'est que, dans ces hautes maisons aux larges baies garnies de vitraux enserrés de plomb, reposaient d'énormes richesses, produit du commerce ou de la course. En 1711, les habitants offrirent 30 millions à Louis XIV pour continuer la guerre. C'est à Saint-Malo que fut fondée la Compagnie des Indes.

Saint-Malo. — La Maison de Duguay-Trouin.

N° 6398.

Saint-Malo, patrie de marins aventureux dès le moyen âge, devint ensuite un nid de corsaires, la terreur des Anglais. Parmi ces hardis fils de la vieille cité malouine, on cite surtout Jacques Cartier, Duguay-Trouin, La Bourdonnais, etc.

Voici la maison où est né Duguay-Trouin, rue Jean-de-Chatillon.

Duguay-Trouin.

N° 6378.

Le célèbre marin naquit en 1673, d'une riche famille d'armateurs ; il servit d'abord dans la marine marchande et se signala surtout comme corsaire. Devenu capitaine de vaisseau, puis chef d'escadre, il fit des miracles de courage et d'habileté dans les guerres de Louis XIV contre l'Angleterre. On cite, par exemple, le jour où, en 1706, avec trois vaisseaux il attaqua, à la hauteur de Lisbonne, la flotte du Brésil chargée de vivres et de munitions et escortée de dix vaisseaux de guerre. Battu cette fois, il se rattrapait l'année suivante en capturant d'un seul coup un convoi de soixante voiles escorté par six navires de guerre.

Sa dernière expédition fut le châtiment des Barbaresques d'Alger et de Tunis en 1731. Il mourut en 1736.

Exécution de Porçon de la Barbinais.

N° 2324.

Avant Duguay-Trouin, un autre capitaine malouin, Porçon de la Barbinais, s'était illustré sous Louis XIV par ses actions d'éclat mais elles pâlissent toutes à côté de sa mort héroïque. Fait prisonnier par les corsaires algériens, le dey l'envoya porter à Louis XIV des propositions de paix inacceptables, le prévenant qu'en cas de refus, il serait décapité à son retour.

Nouveau Régulus, Porçon de la Barbinais, qui avait juré sur l'honneur de revenir se constituer prisonnier, combattit de toutes ses forces auprès du roi de France le traité dont il était porteur et le fit rejeter.

De retour à Alger, le dey lui fit trancher la tête en présence de sa femme et de ses enfants.

Un tableau de Poilleux-Saint-Ange du Musée de Saint-Malo retrace cette scène tragique.

Surcouf.

N° 6382.

Trente-sept ans après la mort de Duguay-Trouin, un de ses petits-fils par sa mère, Robert Surcouf, naissait à Saint-Malo et allait laisser à son tour un renom légendaire d'intrépidité et d'audace.

Capitaine à 20 ans, il devint la terreur des Anglais, de la Manche à la mer des Indes ; certains de ses exploits tiennent de la légende.

A la paix de 1815 il appliqua au commerce son intelligence et sa hardiesse ; il mourut en 1827, laissant une fortune considérable.

Saint-Servan. — Le Pont Roulant.

N° 6396.

Pour traverser le bras de mer qui forme l'anse des Bas-Sablons et sépare Saint-Malo de Saint-Servan, on a établi un curieux pont roulant. Il repose sur deux rails immergés au fond de la mer, les passagers s'embarquent sur une plate-forme qui glisse à 12 mètres au-dessus des rails, tirée par un câble métallique.

Saint-Servan. — Vue générale.

N° 6392.

Au-dessus et à 1 kilomètre de Saint-Malo, sur la rive droite de la Rance, se trouve la petite ville de Saint-Servan dominée par la haute tour du Solidor.

Cette tour curieuse, composée de trois tours réunies en triangle par des courtines percées de meurtrières et couronnées de mâchicoulis, fut élevée à la fin du xive siècle par le duc Jean IV de Bretagne pour commander le port militaire de Saint-Servan.

Au N. de Saint-Servan se trouve le quartier désert de la « Cité » qui marque l'emplacement de la ville gallo-romaine d'Aleth dont les habitants, fuyant les pirates normands, allèrent, se réfugier sur l'îlot d'Aaron, emportant leurs biens et les reliques de leur évêque Malo ou Maclou. L'îlot d'Aaron devint ainsi Saint-Malo.

Les Bords de la Rance.

N° 6358.

Le fleuve dont l'embouchure a formé la vaste rade où se sont bâtis Saint-Malo et Saint-Servan sur la rive droite, Dinard et Saint-Enogat sur la rive gauche s'appelle la Rance.

Bien que son cours ne dépasse pas 100 kilomètres, c'est un fleuve des plus pittoresques ; les paysages des bords de la Rance sont célèbres.

Dinan. — Le Port.

N° 6385.

En remontant le cours de la Rance, nous arrivons à Dinan, petite ville de 10.000 habitants, bâtie sur un promontoire escarpé qui domine la rive gauche du fleuve.

Un viaduc de 250 mètres de longueur, à 40 mètres au-dessus du chemin de halage fait communiquer la ville proprement dite au bourg de Lanvallay.

Dinan est surtout remarquable par les souvenirs de son passé belliqueux, remparts, château, etc., et par ses environs pittoresques.

Dinan. — La Rue de Jerzual.

N° 6357.

Le vieux quartier de Dinan est le quartier de Jerzual où se trouve le plus ancien vestige des remparts de Dinan, la porte de Jerzual du xiiiᵉ siècle.

La rue elle-même est bordée de maisons curieuses des xvᵉ et xviᵉ siècles.

Dans l'église Saint-Sauveur se trouve le cœur de Du Guesclin.

Un lavoir en Bretagne.

N° 1109.

Si de Dinan nous nous dirigeons vers l'O. en suivant la côte, nous trouvons Saint-Brieuc au fond d'une vaste baie, Guingamp, jadis chef-lieu du duché de Penthièvre.

C'est une région accidentée, pittoresque, arrosée de nombreuses rivières aux eaux limpides qui vont se jeter dans une mer agitée. Le pays est fertile, industrieux et riche.

Un tableau de Dagnan-Bouveret nous montre l'intérieur d'un de ces joyeux lavoirs de villages où les jolies Bretonnes en coiffes blanches se racontent les innombrables légendes du pays.

Un sujet de conversation fréquent, ce sont les longues fiançailles avec les braves marins « terre-neuvas » partis sur les bancs à la grande pêche ou au régiment. Mais .quand le gars est revenu du service il laisse là le « surouet », reprend son costume et nous voici à :

La Toilette de la mariée.

N° 2323.

En grand équipage on s'en va dans une boutique de la ville choisir tous les atours de la noce, tabliers de soie changeante corsages brodés, etc.. comme nous le montre un tableau de Mosler du Salon de 1881.

Tréguier. — Le Cloître.

N° 6400.

Nous voici maintenant à l'extrémité du département des Côtes-du-Nord, à Tréguier, dans la vieille cité épiscopale, patrie de saint Yves, « l'avocat des pauvres », au xiii° siècle, et d'Ernest Renan qui a consacré des pages délicieuses à célébrer le charme mélancolique de sa ville natale.

Le cloître de la cathédrale est un chef-d'œuvre de l'architecture religieuse ogivale au xv° siècle.

Morlaix. — Vue générale.

N° 6393.

Une petite partie du département du Finistère appartient au bassin de la Manche. Nous y trouvons d'abord Morlaix sur la rivière de Morlaix, à 7 kilomètres de la mer.

La ville compte 16.000 habitants, et possède un beau port ; sa principale curiosité est le gigantesque viaduc du chemin de fer qui traverse la rivière à 64 mètres au-dessus des fondations.

La rade de Morlaix est défendue par le célèbre château du Taureau.

Le Calvaire de Saint-Thégonnec.

N° 6391.

A 15 kilomètres de Morlaix le bourg de Saint-Thégonnec est surtout connu par son église du xvii° siècle et le calvaire qui s'élève dans le cimetière. C'est un des plus curieux monuments de ce genre avec celui de Guimiliau, petit village voisin de Saint-Thégonnec.

Saint-Pol-de-Léon. — Le Creizker.

N° 6395.

Nous terminerons par la vieille ville aux « clochers à jour », Saint-Pol-de-Léon, qui ressemble de loin à une immense église ; on l'aperçoit de plusieurs lieues sur une légère éminence dominant une vaste étendue de mer et de l'autre une plaine fertile.

Le plus célèbre de ses clochers est le Creizker, une merveille du genre. Il s'élève entre la nef et le chœur sur quatre arcades, soutenues par quatre piliers quadrangulaires composés d'une masse de colonnettes. Carré dans sa partie inférieure, le clocher se termine par une plate-forme à gargouilles, surmontée d'une longue flèche découpée à jour et de quatre clochetons.

La hauteur totale du Creizker est de 77 mètres.

« Du temps que nous naviguions ensemble sur la mer brumeuse,
« souvent en passant au large, balancés par la houle grise, nous
« avions vu le clocher légendaire de Creizker se dresser dans les
« lointains noirs, au-dessus de cette bande triste et monotone qui
« représentait là-bas la terre de Bretagne, le pays de Léon.

« Et les nuits de quart, nous chantions la chanson bretonne :

> Je suis natif du Finistère,
> A Saint-Pol j'ai reçu le jour.
> Mon clocher est le plus beau de la terre,
> Mon pays l' plus beau d'alentour.
>
> . . . .
>
> Rendez-moi ma bruyère
> Et mon clocher à jour.

(P. Loti, Mon frère Yves.)

MACON, PROTAT FRÈRES, IMPRIMEURS.

ESTAMPES MINIATURES

POUR

RÉCOMPENSES SCOLAIRES

ET

COLLECTIONS

Ces petites estampes sont des reproductions, très fines, en héliogravure, faites d'après les originaux.

La pièce................. **1** fr. | Encadrée...... **2** fr. et **2** fr. **50**

500 tableaux célèbres anciens et modernes.

L. DE VINCI.	La Joconde.	PRUDHON.	L'Impératrice Joséphine.
MURILLO.	La Purissima.	COROT.	Paysage.
—	Ste-Famille.	GAINSBOROUGH.	M^{ss} Siddons.
RUYSDAEL.	Le Marais.	J. RUSSELL.	Les Cerises.
—	La Chasse.	BOUGUEREAU.	La Vierge aux Anges.
BOTTICELLI.	Lucrezia Tornabuoni.	—	L'Innocence.
—	La Vierge et l'Enfant.		etc. etc.
RAPHAEL.	La Vierge du Grand-Duc.	WATTEAU.	La Danse.
—	La Madone St Sixte.	BOUCHER.	La Peinture.
GUIDO RENI.	L'Aurore.	—	La Musique.
MELOZZO DA FORLI.	L'Ange à la viole.	DAVID.	Madame Récamier.
TITIEN.	La Belle du Titien.	GROS.	Bonaparte à Arcole.
MICHEL-ANGE.	La sibylle Erythrée.	VIGÉE LE BRUN.	Marie - Antoinette et ses
HOLBEIN.	Portrait de femme.		enfants.
VAN DYCK.	Henriette d'Angleterre.	GLEYRE.	Les Illusions perdues.
CLOUET.	Elisabeth d'Autriche.	MILLET.	Les Glaneuses.
CHARDIN.	Le Benedicité.	—	La Bergère.

Catalogue spécial en préparation.

REPRODUCTIONS INALTÉRABLES AU CHARBON

D'APRÈS LES

MAITRES ANCIENS

80.000 SUJETS

MUSÉES D'ALLEMAGNE, ITALIE, BELGIQUE, HOLLANDE, ANGLETERRE, ESPAGNE, AUTRICHE, RUSSIE, ETC., ETC.

LES
MUSÉES D'EUROPE

ÉDITION POPULAIRE

REPRODUCTIONS PHOTOGRAPHIQUES INALTÉRABLES D'APRÈS LES ORIGINAUX

FORMAT 24 × 30

Epreuves non collées { La pièce........ o fr. 60 / La douzaine..... 6 fr.

Envoi par poste recommandée : 50 cent. pour tous pays.

Ces reproductions sont destinées à propager le goût de l'art et à former pour un prix modeste des collections de documents artistiques d'une *fidélité absolue* et d'une *durée permanente*. Elles sont donc appelées à remplacer avec avantage les photographies ordinaires du commerce, souvent défectueuses et qui s'altèrent très vite.

Tous les sujets de l'Édition Populaire existent en outre toujours dans la grande édition des Musées d'Europe en photographies inaltérables au charbon à 15 frs. la pièce.

BIBLIOGRAPHIE ARTISTIQUE

COROT. — Album classique des Chefs-d'œuvre de Corot, 40 planches d'après les principaux tableaux du maître. Texte de M. Roger Milès. Broché.................................. 3 50

Relié.. 5 »

VERSAILLES. — Le Musée national de Versailles. Description du Château et des collections par M. P. de Nolhac, Conservateur du Musée, et A. Pératé, attaché à la Conservation. 110 planches en typogravure d'après les originaux. Relié................. 6 »

CHANTILLY. — Le Musée Condé. Notice des Peintures par F.-A. Gruyer, Membre de l'Institut, Conservateur du Musée Condé ; ouvrage illustré de nombreuses typogravures d'après les originaux. Relié....................................... 7 »

ANVERS. — Le Musée Royal illustré par J. de Brauwere. 151 reproductions des principaux tableaux anciens. Broché........ 3 »

BRUXELLES. — Catalogue illustré du Musée Royal par J. de Brauwere. 231 reproductions des principaux tableaux. Broché. 3 50

MUNICH. — Les Chefs-d'œuvre de la Pinacothèque. 232 typogravures d'après les originaux. Cartonné..................... 11 25

LONDRES. — La Galerie Nationale. Album illustré publié par la *Pall Mall Gazette*..................................... 1 50

MACON, PROTAT FRÈRES, IMPRIMEURS.